AF396903
46
16
12

RETOUR

DE

L'EMPEREUR,

Par HYPOLITE de LIVRY.

A PARIS,

Chez
{ CHAUMEROT jeune, au Palais-Royal, galerie
de bois, n° 188.
BARBA, galerie vitrée, derrière le Théâtre
Français, n° 51.
Et tous les Marchands de Nouveautés.

15 Avril 1815.

AVANT-PROPOS.

QUAND on aura lu ces articles, on sera sans doute fort étonné que, malgré toutes mes démarches, même auprès des personnes les plus faites pour en assurer le succès, ils n'ayent pu avoir accès dans les journaux, où mon desir de publicité me faisait tenir beaucoup à ce qu'ils y parussent ; mais telle est, ou la haine indestructible des journalistes à mon égard, ou la délicatesse de l'Empereur, qu'on a opposée à ma demande d'un ordre propre, m'a-t-on dit, à y porter atteinte, qu'il m'a fallu m'en tenir à l'obscure ressource des brochures, et rentrer dans un cercle, qu'en dépit des journalistes, qui ne veulent iv

pas absolument qu'on me lise, le sujet
seul, peut-être, pourra agrandir (1).

HYPOLITE DE LIVRY.

(1) Chose que, pour la gloire de l'Empereur, et
aussi pour la mienne, que je ne pouvais pas poser sur
de plus belles bases, et qui en a encore plus besoin que
la sienne, je desire également.

RETOUR DE L'EMPEREUR,

PREMIER ARTICLE.

20 *mars.*

Il est enfin revenu cet homme, dont le malheur seul égala la grandeur, et dont la sottise et la bassesse méconnurent ou rejetèrent tous les titres à l'intérêt ! Le voilà, comme par enchantement, au milieu de nous, cet homme, si vaste dans ses desseins, si noble dans leur but, si héroïque dans leur exécution ! Il est rendu à tous les cœurs, et encore plus à toutes les âmes, si intéressées à sa cause, et qui l'appelaient de tout ce qui leur restait de forces ! Il agrandit leur sphère, il a fermé leurs plaies. Son premier retour nous arracha à l'anarchie, son second nous délivre du fanatisme.

Quel retour !!! et quel ravissant contraste il forme avec le départ !!! Voyez ces malheureux soldats, tristes, abattus, anéantis, jeter sur leur illustre chef, plus malheureux encore, de languissants et derniers regards ! Voyez-les au sein de ses triomphes pleurer sa défaite, et voyez-les à présent au sein de sa défaite proclamer ses triomphes ! Ah ! qu'ici tous les serpents

1

de l'envie rentrent dans leur affreux repaire !
Échappé à leur fureur sanguinaire, à leur rage
homicide, il revient sur les ailes de l'amour,
escorté par la gloire. Il débarqua aux Tuileries :
en mettant un pied sur le sol de la France, il
mit l'autre sur le trône.

Peuple abusé, nourri depuis long-temps de
noires vapeurs, et de tous les poisons de la
calomnie, sors de ton erreur, et reconnais ton
prince, ton libérateur et ton Dieu ! Vois enfin
les objets par tes yeux, les choses ce qu'elles
sont ; rapproche, compare, rends à la lu-
mière sa clarté : ne laisse plus dans une coupa-
ble et vile inaction les facultés que la nature
t'a départies ; dégage-toi du bourbier du résultat, dans lequel on t'a empêtré, et remontant à
la source, ne vois plus dans l'Empereur qu'un
ambitieux de la gloire de la France, contre
laquelle une seule nation rivale déchaîna constamment toutes les autres, et lave-toi dans cette
source de toutes les impuretés dont tu t'étais
souillé dans le résultat ! *C'est le plus moral et le
meilleur des hommes* qui t'atteste que Napoléon *en est le plus grand et le plus magnanime.*
Cette garantie, puisqu'il t'en faut une autre que
ses actions, vaut bien celle de tous ces êtres
qu'un sentiment noble n'anima jamais, et qui,

tout pétris de vices, ne dégouttent que le fiel. Les monstres!!! ils ont osé exhaler leur venin sur le plus immortel et le plus étonnant des êtres!!! couvrir des plus odieuses calomnies, des plus atroces épithètes, tous les murs d'une ville qu'il n'y a pas un an encore, il défendit si vaillamment, si laborieusement, et aux risques journaliers d'une vie que depuis quatre lustres, en dépit des fureurs de l'ingratitude, et des poignards étrangers, toujours dirigés contre elle, il consacra à la gloire de la France, et à l'affranchissement des fers qu'on voulait lui donner! Rien n'a pu les désarmer : la trahison lui enlevant, au moment de le recueillir, le fruit de ses infatigables et nobles travaux, la captivité en échange, le désespoir affreux de son âme ; tout a glissé sur eux, tout a été perdu pour lui : calomnié dans ses prospérités, il fut insulté dans ses revers, et c'est au milieu des haines qu'il vient conquérir l'amour : cet amour, payé déjà de tant de sacrifices et de dévoûment. Après avoir traversé les mers pour le conquérir, il lui a fallu encore franchir le fleuve de poisons et de bitume qu'on lui opposait, et dont on espérait entraver sa course aussi rapide que glorieuse. Mais ils ont beau multiplier les obstacles, accoutumé aux conquêtes, il fera encore celle-là ; s'il n'a pu les subjuguer par sa grandeur, il les subjuguera par sa clémence ; amené par l'amour des soldats, il se maintiendra par l'amour des peuples, et le Néron des placards, les forcera enfin de s'agenouiller devant Marc-Aurèle.

RETOUR DE L'EMPEREUR,

IIᵉ ARTICLE.

21 *mars.*

QUELQUE grand, quelque incomparable que soit l'Empereur, il est homme, et comme tel, il a pu faire des fautes. Quel mortel n'en fit jamais ? surtout en semblable position, en but à tous les partis et à tous les poignards : qui eût pu, au milieu de tant d'écueils, ne jamais toucher contre un seul ! Mais quelles fautes, quelles erreurs, n'effacent point de si grandes qualités, de si grandes choses, et n'expient point de si grands malheurs ??? Voilà ce que la bassesse n'a jamais vu, et ce que l'atrocité n'a jamais senti. Insatiable dans les effets, comme injuste dans la cause, la fureur de parti ne voit, n'écoute et ne sent rien ; c'est le Phlé-géton débordé, et que le temps et la clémence peuvent seuls ramener dans ses limites. Gouverné par un sentiment unique, la gloire de la France, dont il était le héros et le sauveur, l'Empereur n'a pas cru pouvoir arriver par trop de sacrifices et de dévoûment à ce noble but, et il a toujours infatigablement marché vers lui à travers tous les obstacles et tous les dangers. La trahison, les plus lâches défections, ont un moment suspendu sa marche ; mais son génie, qui plane toujours au-dessus des événements, et ses guerriers qui, sous son œil, les maîtrisent, la lui ont bientôt fait poursuivre. Voilà l'Empereur revenu, et tout va reprendre une nouvelle vie ; tout va se relever et s'animer à sa voix. Tant de monuments, arrêtés dans leur élévation, n'offriront plus partout l'emblême de notre situation, et n'attristeront plus nos âmes, en présentant de tous côtés l'aspect d'une ville démolie, et en nous reportant plus tristement encore sur les douleurs de celui qui les commença, et qu'on empêcha si atrocement de les finir. Les arts dédaignés vont refleurir sous la main qui sait les cultiver ; le génie comprimé, a déjà rompu sa chaîne ; nous perdrons peut-être quelques messes, mais nous aurons plus de villes (1).

---

(1) Puisqu'on forcera l'Empereur à en reprendre par la guerre qu'on va sans doute lui faire, pour combler la mesure des iniquités.

RETOUR DE L'EMPEREUR,

IIIᵉ ARTICLE.

22 mars.

Quelle est belle est touchante cette conduite de l'armée envers son illustre chef !!! et qu'elle contraste d'une bien foudroyante manière avec celle des féroces agents, ou au moins lâches et mauvais soutiens d'un gouvernement aux abois !!! Quoi de plus convainquant, de plus décisif à opposer à tant d'exécration que cette impulsion unanime qui, ne donnant qu'une âme à tant de corps, fait spontanément de chacun d'eux un bouclier à celui qu'on les envoyait pour percer. Voilà de l'amour, je l'espère ; ou si ce n'en est pas, je prierai instamment qu'on m'en indique les signes, les caractères. Je ne sache pas que Néron, et encore moins Robespierre, qui se trouve aussi de la partie, ayent jamais rien eu de pareil à citer dans leur vie. *Nous avons la satisfaction d'annoncer,* nous disait-on cependant, *que pas un seul homme n'a passé du côté de Buonaparte ;* ils voulaient sûrement dire, *n'est resté du nôtre ;* car, de cette manière, la chose serait de la plus scrupuleuse exactitude ; d'une exactitude un peu moins relâchée que celle de leurs versions, et même de leurs rapprochements. Je sais bien que les fameux interprétateurs d'effets, s'en tenant à leur logique ordinaire, ne manqueront pas d'imputer ceux-là à la soif des conquêtes, plutôt qu'à l'amour du conquérant ; mais outre que, quel que soit le principe, le résultat du moins n'est pas mauvais, on me persuadera difficilement que cette soif se trouve dévorer tant de gens à la fois, et qu'il ne se soit pas rencontré, parmi cette multitude d'embrâsés, un seul philosophe qui (sauf le conquérant) n'eût préféré ses foyers au carnage ; ni un seul père, époux, fils ou frère, qui (sauf toujours le conquérant) n'eût préféré sa famille aux conquêtes, ou si l'ont veut, au pillage, pour me renfermer dans le littéral de l'imputation.

De vils reptiles, des êtres fangeux, tout-à-fait embourbés dans le limon de leur abjection, et nourris de sa seule substance, ont beau vouloir abaisser la gloire de l'Empereur, que plus justes que ceux pour qui il l'a acquise, ses ennemis exaltent, comme il le dit lui-même, elle planera toujours au-dessus de toutes les gloires, et atteindra tous les siècles. L'Empereur, pour qui le voit, le sent, et le suit bien, est l'homme le plus extraordinaire, et le moins abordable qui ait existé. Il échappe à toutes les combinaisons, comme il s'élève au-dessus de tous les parallèles (1). Ce serait avec un inexprimable délice que je consacrerais ma vie à encenser la sienne, à la couvrir d'autant d'honneurs qu'on l'a couverte d'outrages, à le présenter sous tous ses brillants aspects, à venger sa grande âme de toutes les atteintes qu'elle reçut, à rassembler toutes les pages d'une si belle histoire, à opposer son génie à l'envie, ses actions aux fureurs. Si l'Empereur veut me créer son premier peintre moral, il peut compter que je ne ferai point languir ses portraits, et que je saurai leur donner un peu plus de ressemblance que ceux qu'on vient de tracer (je ne dirai sûrement pas de lui) dans ces jours exécrables, que toute l'espèce rampante, rugissante ou déchirante, bien sûrement désavoueraient ; qui couvriront à jamais Paris d'ignominie, et tout ce qui porte le nom d'homme de honte. Puisant mes traits dans son âme, et mes couleurs dans la mienne, je ferais voir ce que peut un tel peintre avec un tel modèle.

____

(1) C'est le Dieu terrestre.

RETOUR DE L'EMPEREUR,

IVᵉ ARTICLE.

24 *Mars.*

Il semble que le destin attaché à la gloire de l'Empereur, n'ait paru un instant en abandonner le soin, que pour la faire jaillir avec plus d'éclat du sein des revers; qu'il n'interrompit la marche de ses grandes destinées, que pour leur faire reprendre un cours plus étonnant et plus glorieux, et l'éclipser par lui-même, ne lui connaissant plus de rivaux.

Avec l'Empereur, on ne sait plus où tremper le pinceau (1); tout est si grand dans sa vie, si illustre dans son règne, qu'on n'est pas moins embarrassé de savoir par où commencer l'éloge, qu'on n'éprouve de difficultés à le finir. Qu'on l'envisage comme homme, comme général, ou comme roi, il étonne également sous tous ces aspects; partout l'admiration a

____

(1) Car je ne consulterai sûrement pas sur cela beaucoup de savants, dont je prévois la judicieuse réplique.

de la prise, partout le cœur et l'âme trouvent des aliments. On ne peut point aimer l'Empereur (1), on ne peut que l'adorer ; et à présent surtout, où tant de choses vièsent de provoquer ce sentiment, il m'est presque aussi difficile de comprendre l'être qui ne l'éprouve pas, que celui qui se trouve *possédé* d'un contraire. La tiédeur en pareil cas, et pour un pareil homme, tient à tel point du végétal, que je ne la conçois guère mieux que la haine dépassante en férocité le plus féroce animal.

Ah ! qu'y a-t-il en effet de plus propre à éclipser Napoléon vainqueur, que ce que vient de faire Napoléon vaincu ? Peut-on reprendre un trône avec plus de gloire et moins de sang ? peut-on en même temps mieux traiter ses assassins et en être mieux traité ? et quel est le plus touchant, de cette conduite de l'Empereur qui, d'un pas assuré, et fort de l'amour qu'il inspire, se présente seul à ses soldats, en dépit de tous les dangers dont on va l'entourer, ou de la conduite de tous ces corps qui se rejoignent à leur âme, en dépit de toutes les séductions qu'on présente à leur fidélité ?

---

(1) Je passe encore sur ceux qui m'arrêteront ici.

Qu'on se refuse de boire à la source d'une telle réciprocité ; mais qu'on la reconnaisse du moins et ne la déplace pas ; qu'on la reconnaisse également dans les transports éclatés aux revues, qui sont bien aussi de la rage, mais d'une espèce un peu différente de celle des jours précédents. C'est pourtant le même homme qui, dans le même temps et dans les mêmes lieux, les excite toutes deux, c'est-à-dire qui excite l'une, et contre lequel on excite l'autre. Ce ne sont pas, il est vrai, les mêmes enragés ; mais telle est la différence d'avoir des yeux de monstres ou des yeux d'hommes, qu'on voit monstrueusement ce qui n'est fait que pour être vu divinement.

S'il n'est pas de plus grands malheurs que ceux de l'Empereur, si son âme a bu toute la coupe des infortunes humaines, elle a bu aussi toute celle de ses jouissances ; car qu'est-ce que l'imagination pourrait atteindre de plus vif en délices que cette ligne d'amour de deux cent cinquante lieues qu'il vient sans interruption de parcourir, et qui, formée par le peuple et l'armée, l'a conduit au trône qu'elle a dépassé ??? et qu'est-ce que cette même imagination pourrait aborder de plus fort en opposition, que la parallèle de cette ligne, que ce qui se passait ici pendant ce trajet, unique comme celui qui le fit, dont les siècles porteront toujours le souvenir, et où l'Empereur se baignait de sa personne dans un fleuve de nectar, tandis que de son nom il plongeait dans un fleuve de poisons ??? Quels rapprochements pour la poésie !!!

De toutes les conquêtes de l'Empereur, voilà certes la plus belle et la plus mémorable. Le jour qui lui soumit tous les cœurs, et lui enchaîna toutes les âmes, l'illustra bien plus encore que ceux qui lui soumirent tous les peuples.

RETOUR DE L'EMPEREUR,

Ve ARTICLE.

25 *Mars.*

HENRI IV fut le plus vaillant des rois et le meilleur des princes. A ce double titre il a dû laisser de profondes traces dans le cœur de tout Français, ému autant de sa glorieuse vie que de son horrible mort. Jamais roi ne réunit autant d'intérêt en sa faveur, et n'en fit plus rejaillir sur sa race. Mais enfin, comment, après deux siècles, se rallier à son panache et l'apercevoir encore, quand on aperçoit celui de l'Empereur qui, du fond de l'adversité, vient *seul* reconquérir un empire, acquis par tant de travaux, perdu par tant d'horreurs, et en moins de jours que l'Europe, coalisée avec les éléments et les traitres, n'avait mis d'années pour le lui ravir. Ce moyen de panache, employé dans ces derniers jours d'infamie et de gloire, se trouvait donc paralysé devant de si grandes circonstances, et trop éloigné du cœur, pour pouvoir s'en rapprocher subitement, après vingt ans de nouvelles et si vives affections.

Personne au monde ne méritait moins le

sort funeste que des tigres affreux ont fait subir à Louis XVI ; et son souvenir plus récent, auquel se mêle si tristement celui de la reine et de madame Elisabeth, ajoute sans doute beaucoup à l'intérêt attaché au souvenir d'Henri IV ; mais quelque puissance que cette communauté d'intérêt ait pu donner à la cause des Bourbons, elle ne pouvait l'emporter sur de si grandes choses et de si grands malheurs. Vingt ans plutôt, toute la France serait tombée avec enchantement aux pieds de Louis XVIII ; vingt ans trop tard, elle devait rester à ceux de Napoléon. Les affections ne se forcent pas et ne se transposent pas à commandement, au premier coup de sifflet ; leur constance tient à leur cause et à leur habitude : quant aux droits, ils sont toujours, en cas de rivalité, du côté qui a su le mieux les faire valoir. Qu'est-ce que des droits qui s'affaiblissent à mesure que d'autres s'augmentent ? A quels titres (hors ceux de la force qui les ôte comme elle les donne) les revendiquerait-on, et les qualifie- rait-on ainsi ? Pourquoi veut-on qu'il n'en soit pas pour la famille des Bourbons seule ce qu'il en est de toutes les choses de ce monde, dont le sort est de finir ? Qu'y a-t-il de plus déri- soire et de moins adapté aux circonstances,

que des droits renversés, ou du moins ébran-
lés, long-temps déjà avant que l'Empereur n'en
fît la conquête? Il siège sur un trône qu'ont
occupé les Bourbons, et que d'autres avant
eux avaient occupé; mais il ne l'a pas usurpé,
il n'en a renvoyé que des gens qui n'étaient
guère plus faits pour s'y trouver que ceux qui
les avaient aidés à y monter. Il était donc
censé vacant lorsque la gloire l'a placé dessus;
et quel est cet acharnement à vouloir l'en faire
redescendre, quand il l'a entouré de tant de
lustre, et qu'il l'a consolidé de tout ce qui
peut en rendre la propriété respectable ???

La plus basse intrigue, la plus horrible ingratitude, ont réussi un moment à ce qu'un
enchaînement d'événements affreux, et sans
exemple, n'avait pu parvenir; mais les mêmes
moyens qui l'avaient placé sur le trône, et qui
auraient dû, sans interruption, l'y maintenir,
l'y ont replacé; et s'il m'en croit, moi et tous
les amateurs du beau, il y restera (1).

____

(1) Malgré les six cent mille homme annoncés par les
profonds politiques (*), que l'Empereur ne doit sûrement
pas plus craindre sur le terrain que dans leur bouche,
avec une armée dont chaque soldat, sous un tel chef,
en vaut une, et dont ce chef vaut à lui seul cette armée.

(*) Et malgré même leur accroissement de 750,000, depuis cette
supputation.

RETOUR DE L'EMPEREUR,

VIe ARTICLE.

26 *Mars.*

JE n'avais jamais pris parti pour les rois ; occupé d'autres objets, je les vis toujours de l'œil le plus tranquille et le plus philosophique, ce que tous mes livres, et spécialement celui qui est sous presse peuvent attester ; mais les malheurs de l'Empereur, et encore plus les atrocités qui les amenèrent, et les outrages tout aussi atroces, qui les suivirent, portèrent mon intérèt pour lui à un tel degré, m'enchaînèrent à tel point à sa cause, à laquelle tant de choses m'avaient déjà intéressé, que sans d'insupportables affaires, et d'insupportables craintes des difficultés, j'eusse fui l'horrible France et me serais élancé vers l'Ile d'Elbe, d'où mon âme n'a pas bougé depuis que l'Empereur y aborda, d'où elle n'est sortie qu'avec lui pour l'accompagner et le recevoir en France, où son retour l'a plongée dans une ivresse que la connaissance des douleurs de son départ, pourrait seule laisser imaginer. Avec quel délice

2

elle s'unit à toutes les situations dans lesquelles la sienne s'est trouvée depuis son entrée dans son empire !!! Autant elle avait souffert de ses souffrances, autant elle a joui de ses jouissances. Enfoncée depuis long-temps dans les tombeaux, son dernier et inévitable asile, il n'appartenait qu'à l'Empereur de la rappeler aux choses de ce monde, de la remettre sur le seuil de la vie, son retour l'a évoquée ; par lui seul j'aurai vécu, car bien sûrement j'étais mort sans l'avoir pu faire. Ainsi ce n'est pas seulement les vivants que l'Empereur sait animer, faisant aussi des miracles, il ne veut pas être dieu à demi.

Je ne sais d'où me vient cet intérêt, des forfaits de l'Empereur, ou de ses belles actions, de Néron ou de Trajan, toujours est-il que je l'éprouve, et que jusqu'à présent je ne me suis pas senti infiniment électrisé par les horreurs (1), ni même par le goût du pillage, auquel on impute le mouvement passionné

-----

(1) Ce que chaque ligne, cette fois, de mes livres, et même chaque phrase de ma bouche, et chaque action de ma vie, peuvent encore attester, et où, sans aucune crainte, je renvoie les incrédules.

des soldats envers leur illustre, et sans vestige d'hyperbole, incomparable chef.

Ah ! qu'il est doux de pouvoir à présent exprimer librement sa pensée !!! A présent que le sentiment est protégé par celui qui l'excite; qu'il est soulageant de pouvoir jeter au dehors tout ce qui depuis si long-temps vous surchargeait, de n'en être pas réduit à parler et à écrire, au général, quand vous êtes plein du particulier; et s'épanchant de toutes les manières, dire à la fois, et tout ce qui vous faisait horreur et tout ce qui vous enchante. Quel triomphe pour l'âme que ce triomphe de la grandeur, à laquelle son essence l'attache si fortement et si inviolablement !!! Tout est jouissance, volupté pure, pour elle, dans ce moment délicieux, où elle peut, sans entraves, la venger des injustices du sort, et de celles des hommes, et voir confondus les êtres odieux qui se croyant assurés de l'impunité, ne croyant point à un retour que leur bassesse ne leur permettait pas d'envisager, et même en le supposant, faisaient un si infâme usage de leur plume, et après l'avoir vendue aux autels, la vendant au trône, injuriaient les vrais dieux, au mépris du malheur et de la reconnaissance, après avoir encensé les faux, ou du moins les douteux.

Ah ! oui, le véritable dieu est sans doute celui qui sait s'élever au-dessus des hommes par la profondeur et l'étendue de son génie, l'immuabilité de son caractère, la grandeur de son âme ; qui sait se dérober à leurs regards, comme s'affranchir de leurs faiblesses, et qui sachant tout prendre, sait tout rendre et tout pardonner, ce que, tous les dieux mêmes, ne savent pas toujours faire.

RETOUR DE L'EMPEREUR,

VII.ᵉ ARTICLE.

27 *Mars.*

L'E siècle de Charlemagne et celui de Louis XIV, passent pour avoir été extrêmement féconds en grandes choses; mais sans les connaître très-à-fond, ni l'un ni l'autre, j'ai peine à me persuader qu'aucun des deux puisse soutenir les regards du nôtre, et leurs héros ceux de l'homme qui y figure le plus. Mais le caractère le plus remarquable de celui-ci, et qui seul, je crois, lui vaudrait la priorité sur tous ceux qui se présenteraient, c'est la grandeur égale de ses ombres et de ses lumières : en offrant ce qu'il y a eu de plus étonnant dans les genres les plus disparates, notre siècle a lié ensemble la chaîne des plus grandes horreurs et celle des plus belles choses : il a présenté l'espèce humaine dans ses deux périodes, il l'a placée sous les deux pôles de ses facultés. Quoi de plus monstrueux que les premières années de notre révolution ??? Quoi de plus immense que celles qui leur succédèrent ??? Et quoi de plus extraordinaire que le rapprochement dans la même année, et jusque dans les mêmes jours de ces deux points opposés ??? De ce

mélange de faits les plus glorieux et d'attentats les plus odieux, et établis sur le même
pivot ??? Si l'Empereur n'a point été égalé dans
sa grandeur, les horreurs en auront du moins
gagné le niveau ; la rivalité s'est constamment
soutenue et mesurée entre lui et ses ennemis ;
il eût été difficile d'opposer de leur part plus
de férocité à plus de bonté de la sienne, plus
de procédés affreux à de plus nobles; et puisqu'on ne saurait être tenu à considérer comme
malheureux des gens qui assurent avoir l'Europe pour eux, nous devons bien, sans les
imiter en rien, avoir pour nous nos récrimi-
nations sur la conduite qu'ils viènent de tenir,
et sur laquelle il me tardait beaucoup plus de
pouvoir m'expliquer, qu'après trois jours d'ina-
nition, il me tarderait de me substanter ; il ne
leur a pas suffi de venir du sein de la plus
honteuse oisiveté, dévorer sans pudeur le fruit
de tant d'activité, qu'ils reçurent des mains
de la trahison, ils osent encore sans relâche
et sans aucunes traces d'humanité, insulter celui
qui l'avait si laborieusement cultivé ; et lorsqu'échappé à leurs poignards, il se présente
pour le reprendre, ils arment toute la popu-
lation de ces mêmes poignards, et en sanc-
tionnent l'usage par les calomnies les plus infâmes et les parallèles les plus abominables.

Quant aux Bourbons dont l'espoir, les mouvements, les prétentions et les richesses laissent encore quelque liberté à ma plume, j'ai à leur dire: qu'ils se seraient bien sûrement acquis l'armée au lieu de se l'aliéner, si plus généreux envers celui qu'ils dépouillaient, ils eussent partout, au lieu de le laisser avilir, proclamé sa grandeur et défendu son malheur. De cette manière, qui les eût plus rapprochés de leur aïeul, tant cité par eux, ils se seraient montrés dignes de siéger sur une aussi illustre place, et d'y remplacer celui qui venait si glorieusement de l'occuper. C'est être grand que de sentir la grandeur, de s'exalter pour elle, de lui servir d'égide dans un ennemi vaincu; c'est l'empêcher de l'être, que de lui porter de nouveaux coups, ou de souffrir qu'on lui en porte, ce qui est la même chose quand on a autant de moyens de l'empêcher; mais malheureusement pour eux, et pour le peuple, il leur manquait ce qui manque le plus aux rois, *un ami moral, plein d'âme comme d'amour.* Personne ne leur a fait sentir qu'un si puissant intérêt ne s'étouffait pas avec des injures; qu'il est certaines choses sur lesquelles on ne saurait donner le change; et qu'en prenant à l'Empereur son trône, ils devaient au moins lui laisser la gloire qui le lui avait acquis.

RETOUR DE L'EMPEREUR,

VIIIe ARTICLE.

28 *Mars.*

Comme il m'importe extrêmement de détruire cette divergence de sentiment sur le compte d'un homme, qui a tant fait de choses cependant, pour le rendre uniforme; de le faire régner sur l'opinion comme sur la France; de porter les derniers coups à l'erreur que beaucoup de ces choses ont dû, je l'espère, au moins atteindre, et de livrer tous les cœurs à celui qui, depuis long-temps déjà, enchaîne toutes les âmes; je dois, pour la première fois de ma vie, recourir aux mathématiques, pour prouver par leur moyen que cette ambition tant reprochée à l'Empereur, se réduisit, comme je l'ai déjà avancé, et soutenu infructueusement depuis dix ans, à celle de la gloire de la France.

Mes preuves se basent sur cinq faits principaux, dont la réunion doit porter la clarté dans tous les esprits susceptibles de la recevoir.

Sa lettre écrite au roi d'Angleterre, le

même jour qu'il prit les rênes du gouvernement, et qu'on a , sans doute, oubliée comme
tout le reste : *Il y a assez long-temps que le sang
coule* , lui mandait-il ; *ne l'est-il pas de se
rapprocher et d'en arrêter les flots ?* Ce premier acte de la puissance de l'Empereur , qui
obtint si peu de succès , ne me paraît pas
dériver plus d'un homme sanguinaire que d'un
ambitieux.

Les royaumes et empires toujours pris et
toujours rendus, ne me paraissent pas non plus
du fait d'un ambitieux , qui ne sait rien rendre,
et qui , au risque d'être obligé de le faire ,
doit au moins essayer de garder.

Son mariage avec une princesse de l'empire
germanique , avec la fille d'un roi toujours
pardonné et toujours ennemi , et dont une telle
alliance devait assurément appaiser les fureurs guerrières et porter les derniers coups à
son âme rebelle.

L'élévation de sa vie, qui devait naturel-
lement lui donner , plus qu'à un roi né sur
le trône, le desir d'en goûter les douceurs ,
que l'on ne goûte guère au milieu des camps,
dans les agitations de la politique, et sous le fer
des assassins.

Enfin , l'insatiable ambition des Anglais , aussi reconnue qu'elle est désastreuse , qui seule fomentait les troubles, du résultat desquels on a toujours accusé celui contre qui tous leurs efforts étaient dirigés , et dont tous les torts consistent à avoir voulu les neutraliser aux dépens de ses jours et de ses nuits, de son repos, et de toutes les voluptés de son règne.

Les prêtres ont prouvé qu'on pouvait répondre à tout ; mais le tout est de savoir comment on répond.

Si on ne reconnaît pas là l'homme qui, s'oubliant lui-même, ne vit que pour la France, je ne vois pas où sera l'évidence.

En se clouant sur un seul fait, où l'erreur bien sûrement influa plus que sur le cœur, et même que la politique, et tant de fois démenti par un si grand nombre d'autres ; et en se mettant par là dans l'impuissance de rétrograder sur ceux qui l'avaient précédé , et d'avancer vers la nombreuse série de ceux qui l'ont suivi et si bien effacé, et que, pour empêcher l'expiation, on cherche sans cesse à dénaturer ou atténuer, on s'est placé dans la position la plus injuste, la plus ingrate et la plus basse envers l'auteur de tous ces faits glorieux, destinés probablement à rencontrer dans les siècles fort peu de rivaux.

Quant au retour de l'Empereur, je trouve qu'il n'en est point de plus motivé, et qu'il eût été bien bon de rester à végéter dans son île, où l'on voulait faire mieux que l'en chasser, quand nous végétions ici et mourions de son absence : lors même d'une abdication que, dans tous les cas, je ne suppose pas avoir été très-volontaire, et qui, en l'admettant même dans cette hypothèse aussi respectable que toute autre, ne pouvait pas du moins empêcher le souverain de l'île d'Elbe de venir faire la conquête de la France, et ajoutant ainsi son ancienne souveraineté à la nouvelle, s'augmenter dans les mêmes proportions qu'on l'avait réduit.

Et nous aussi nous étions terriblement ré--duits, mais nous n'avions rien perdu tant que l'Empereur respirait ; il ne fallait qu'un souffle de lui pour dissiper le prestige du trône élevé sur le sien, et il était assurément très-fondé, ainsi que ses soldats, de venir reprendre à la trahison ce qu'ils tenaient de la gloire.

—

RETOUR DE L'EMPEREUR,

IX.ᵉ ARTICLE.

2 avril.

Oui, sûrement, ils ont bien mérité de toute la France, ceux qui, dans un défilé, ont respecté les jours du plus grand des mortels! Mais, comment auraient-ils pu en démériter, en attentant sur eux ??? Quelle main aurait osé porter un coup pareil ??? Qui n'eût pas frémi dans toutes les parties de son être d'en avoir seulement la pensée ??? Si l'assassinat fait déja horreur envers tout homme qui, osant le braver, se présente seul devant cinq cents fusils appostés contre lui, quel effet ne doit-il pas faire sur l'imagination? Quel bouleversement, quel désordre, quelle profonde terreur ne doit-il pas produire dans ses facultés, lorsque cet homme est Napoléon Iᵉʳ! L'Empereur a su imprimer un tel sentiment sur sa personne, a su tellement l'élever au-dessus de la sphère des intérêts vulgaires, qu'en vain d'infâmes manifestes, opprobres de la nature, et honte indélébile de leurs auteurs, voudraient affranchir de cet intérêt tous les hommes, il n'en est aucun dont, prêt à frapper, le bras ne se trouvât glacé. En vain on se débat contre la grandeur, on ne saurait entièrement se soustraire à son ascendant ; son empire s'étend jusque sur les âmes les plus abjectes, à quelque degré qu'on soit vil, quelque enfoui qu'on soit dans la poussière, jamais la main n'oserait tenter ce que la plume osa écrire, ou la bouche proférer. Le regard d'un héros est la foudre de Jupiter. On insulte bien les Dieux, mais on ne les tue pas, et je ne connaîtrais rien de plus propre à me faire révoquer en doute leur existence, que de ne pas défendre de tout horrible attentat celle de l'homme, dont la mort naturelle, quelle que puisse en être l'époque, ne laisse pas déjà que de la rendre fort équivoque à mes yeux.

RETOUR DE L'EMPEREUR.

Xᵉ ARTICLE.

4 *Avril.*

A quelque degré même que des intérêts, réels ou factices, ayent pu être froissés par un retour aussi inespéré que prodigieux, comment y a-t-il des gens, assez étroitement enchaînés dans ces intérêts, pour ne pas s'affranchir de leurs entraves avec un pareil secours !!! comment résiste-t-on à tant de sublimité !!! et comment l'éclat de son principe ne frappe-t-il pas tous les regards, n'embrâse-t-il pas tous les cœurs !!! comment ne reconnaît-on pas une source divine, ou du moins plus qu'humaine, dans de tels effets !!! qu'attend-on pour se prosterner ? qu'espère-t on de mieux (1) ?

----

(1) Un royaliste e fréné qui, sans plier encore, est plus sincère néanmoins que beaucoup d'autres de sa caste, en se mutinant très-chaudement contre ce retour, termina sa fougueuse tirade par un mot, dont la couleur, dans une telle bouche, ternit tout ce qu'on pourrait dire ailleurs : *C'est d'autant plus affreux que c'est superbe.*

Je ne sais ce que l'avenir nous réserve; mais je n'imagine pas que le passé ait rien de semblable à nous offrir. Cette manière de reconquérir un empire est, je crois, un peu neuve, et je crains pour les générations qu'elle ait peu d'imitateurs. Pour un perturbateur du monde, il me semble que c'est assez sagement se conduire; pour un homme avide de sang, ce n'est pas en trop répandre.

Je ne sais trop, cette fois, sur quels sophismes les puissances européennes pourront échafauder leurs agressions et leur sept à huitième coalition, si les projets qu'on leur prête se réalisent; mais quels qu'en soient les résultats, elles éprouveront quelques difficultés à me persuader que, malgré la prétendue illégitimité du retour de l'Empereur, le leur soit plus légitime et même plus glorieux; et je doute qu'elles réussissent mieux à me convaincre que celui qui vient reprendre ses États *l'arme au bras* (comme le dit très-bien Gavaudan), soit plus le perturbateur du monde que ceux qui traversent des fleuves de sang pour *tenter* de les lui ravir de nouveau, n'en sont les fléaux.

Si on convient que l'exaltation naît d'un sentiment profond, on doit convenir de même

que ce sentiment ne peut prendre sa source
que dans le mérite ou la transcendance de celui
qui l'excite; car jusqu'à présent personne ne
s'est avisé de prendre les bornes en belle pas-
sion, et se monter la tête pour les être nuls,
à moins d'être tout-à-fait nul soi-même. Ainsi
on aura beau me taxer d'exagération, comme
on l'a déjà fait, je ramènerai toujours à ce
principe, que je défie d'éluder, et dont on peut
trouver la conséquence fidèle dans le haut
point d'enthousiasme où les belles choses,
dans quelque genre que ce soit, m'ont toujours élevé pour leurs auteurs. J'adore l'Empereur comme j'ai adoré et comme j'adore
Grétry, comme j'adore Gluck, Turenne,
Bayard, Virgile, Voltaire, Angrand - d'Alré,
Antonin, Charlemagne, César, Socrate,
Louis XIV, Henri IV, Sully, et tous ceux qui
se présenteront sur cette ligne. Le beau, le
sublime, tout ce qui est frappé de grandeur,
aura toujours sur mon âme un empire qu'aucune
censure ne saurait affaiblir, et sur lequel elle ne
saurait avoir plus de prise que sur les parties
extérieures de mon être; et loin qu'à l'égard
de l'Empereur, cet arc de mon âme se soit dé-
tendu par ses malheurs, jamais (excepté depuis son retour) je ne lui ai plus appartenu

que depuis leur naissance. A mes risques et périls, je l'avais cinq fois manifesté dans le volume qui va paraître ; et à son retour, qui semble être venu tout exprès pour soutenir mes cinq articles, je ne pouvais guère me démentir, malgré les dangers d'un autre retour dont on nous menace, et qui, je l'avoue, ne m'arrangerait pas tout-à-fait autant (1) ; mais ce qui prouve que l'Empereur n'a pas que la perspective pour lui, et que ce n'est pas seulement de loin qu'on peut le voir comme je le vois, c'est que le colonel Malet, noble émule du général Bertrand (qu'on peut nommer à présent) qui doit l'avoir vu de très-près, ainsi que lui, puisqu'il était le chef de ses fidèles de l'île d'Elbe, a dit dernièrement à Gavaudan que ce qu'il avait fait n'était rien pour un homme aussi grand, et qu'il aurait voulu pouvoir, en le substantant de son bras dans un défaut d'aliments, lui en consacrer mieux l'usage qu'il ne l'avait fait jusqu'à présent, lui prouver mieux son amour.

----

(1) On a qualifié Louis XVIII de Louis-le-Désiré. Moi qui ne me suis mêlé en rien de cette qualification, je me crois en droit de la donner à présent à Napoléon, quoique le premier de sa race.

~~~~~~

RETOUR DE L'EMPEREUR,

XIe ARTICLE.

7 avril.

MOI-MÊME, malgré ma crainte des prêtres, et de tous les abus qui peuvent naître d'une administration faible, cédant à tout l'intérêt que les plus affreux malheurs et les plus légitimes droits avaient attaché à la famille des Bourbons, j'eusse souri à son retour, si ce retour n'eût pas si horriblement enlevé à l'Empereur le fruit de vingt ans de triomphes et de quinze ans de grandeur, de travaux, de périls, de dégoûts, d'ingratitude, de souffrances, de dévoûment, d'infatigables et généreux soins. Il n'est rien qui n'eût cédé dans mon âme à cette seule considération (1), comme il n'est rien qui puisse exprimer le ravissement où m'a plongé son retour. Sans me rappeler bien exactement ma sensation, lors de mon évasion du mont

----

(1) La paix et tous ses charmes ; le commerce et tous ses avantages, se seraient brisés devant elle.
~~~~~~

Saint-Michel, où je n'avais guère été relégué plus justement que l'empereur dans son île (1), je crois que celle que j'éprouvai au premier bruit public de sa sortie de cette île, valut bien, au moins, cette sensation lointaine, y compris même ce qu'elle a pu perdre par l'éloignement.

Je ne connais rien qui décèle plus la bassesse d'âme de tous ces gens, à cocarde spontanée, comme leur tranquillité parfaite sur cet article. Le malheur de l'Empereur ne les touchait pas plus que s'il n'eût recélé aucune sorte d'intérêt; leur joie était aussi complète, aussi franche, que s'il n'eût jamais été question de l'homme qui la payait si cher. On ne peut se faire d'idée d'une atrocité semblable, d'une sécheresse semblable, et je ne connais rien de plus dur et de plus humiliant que de se trouver homme en pareil cas. Il est cruel d'appartenir de si près à une pareille espèce d'êtres, et si on n'avait pas l'Empereur pour compenser un peu la chose, je ne sais comment on pourrait n'y pas succomber.

O mon héros! ô mon Dieu! ô le plus grand

---

(1) Encore un des plus éminents abus d'une administration faible.

et le plus outragé des mortels, puissé-je aussi t'offrir la compensation de toutes les indignités dont on t'a abreuvé! Qu'il me serait doux de pouvoir par là te rendre ce que tu fais pour moi!!! Te soulager de mon âme, comme tu me soulages et m'étayes de la tienne!!!

L'individualité est poussée si loin en ce siècle de fer! Qu'importe à quels dépens on jouisse, pourvu qu'on le fasse? Depuis la fourmi, jusqu'au plus grand et au plus malheureux des hommes, tout s'applanit sous les pieds de l'égoïsme. Que de fois j'ai fait cette horrible et accablante réflexion, lorsque confiné six semaines chez moi, après l'*honorable* arrivée des coalisés, je voyais passer des visages gais! L'Empereur souffrait, et souffrait pour nous; mais c'était égal : tous ses guerriers qui l'avaient si vaillamment aidé à vouloir nous préserver du joug, gémissaient, mais cela ne faisait pas la moindre chose ; à chaque instant le rire se croisait avec le soupir, mais le premier n'en recevait pas pour cela la plus légère atteinte.

Que faisaient un étranger et ses adhérents, au milieu de tous les canaux d'abondance qui allaient se rouvrir, de toutes les plaies qui allaient se fermer, de toutes les places surtout qui allaient se donner? On s'était bien illustré de la gloire de cet étranger; on avait bien voulu se nationaliser avec elle, mais on ne voulait pas plus se nationaliser avec celui qui vous l'avait acquise, que se charger de son malheur; on ne voulait plus rien avoir à démêler avec un Corse, à moins que ce ne fût pour l'outrager, pour frapper après le destin, comme je l'ai dit dans mon volume.

C'est dans cet affreux élément, bien plus amer que celui qui entourait l'Empereur, qu'il m'a fallu vivre pendant son absence, à laquelle il était temps qu'il mît un terme; car si Louis XVIII avait eu beaucoup de plaies à fermer, Napoléon Ier en avait une bien grande et bien profonde à fermer en mon âme.

———

RETOUR DE L'EMPEREUR,

XIIe ARTICLE.

8 *avril.*

Je ne me mêle pas des affaires de la noblesse : elle se tirera de sa suppression comme elle pourra, mais elle s'en tirerait très-facilement, si, abandonnant tout le vaporeux de ses idées, elle voulait voir les choses ce qu'elles sont, prendre connaissance de notre état de situation en ce monde, et reconnaître, comme je l'ai reconnu et consacré à ma 4000, 7 à 800_{ème} pensée, qu'il n'y a rien de réel dans ce monde de huit jours, ou de trois semaines, ou de quatre-vingts ans, comme on voudra, que la morale, le sentiment, et l'argent (1). Je la renvoie donc, avec la permission des journalistes, non-seulement à cette pensée, mais à toutes

---

(1) Métalliquement parlant, l'alliance n'est pas noble ; mais abstraction faite même de toutes les jouissances réelles et coûteuses que réclament nos sens, elle s'ennoblit de tout le bien qu'on peut faire avec ce qui la dégrade.

celles qui la précèdent et qui l'appuyent, pour bien se pénétrer qu'elle n'a rien perdu par le retour de l'Empereur, et qu'au contraire, elle, et toute la France, qu'il illustra, ont recouvré un grand homme.

Mais, va-t-on me répondre bien vite, ce grand homme a fait de grandes fautes... Eh bien ! en supposant que toutes ces fautes soient bien les siennes, qu'il n'y ait pas à en extraire tout ce que les éléments et les hommes, conjurés contre lui, y ont pu mettre, ne faut-il pas que tout soit proportionné ? Est-ce qu'un homme de la taille de l'Empereur peut se rétrécir en rien ? Ne faut-il pas que chacune de ses traces, heureuses ou malheureuses, porte l'empreinte de ses pas ? que tout se ressente d'ailleurs de la grandeur de la scène ? Si quelquefois, pour me rapprocher un peu plus de Napoléon qui s'éloigne tant de nous, je l'ai qualifié de Dieu, il ne s'ensuit pas de là qu'on doive prendre la chose à la lettre, et plus qu'à la lettre même, puisqu'on exige de lui une perfection sur laquelle on se montre beaucoup moins récalcitrant à l'égard de l'être, qu'en dépit de tous nos maux temporaires et éternels, nous tenons pour Dieu. En général j'ai toujours remarqué que c'était les gens les moins par-

faits qui étaient les plus ombrageux en imper-
fections; les gardant toutes pour eux, ils ne
veulent pas vous admettre au partage d'une
seule. Si vous vous avisez d'avoir le plus lé-
ger rapport avec eux, de les toucher du bout
du doigt, ils vous revêtissent aussitôt de toutes
les épithètes qui leur appartiènent.

Je ne suis point très-versé, j'en fais de nouveau l'aveu, dans la connaissance des hommes
antérieurs à ceux de notre siècle; j'ai jusqu'à
présent assez eu de ces derniers pour m'occuper; mais j'ai peine à croire que l'œil qui
perce le plus loin dans la perspective humaine, puisse apercevoir la perfection sur aucun point de cette perspective; et si elle n'est
pas de ce monde, je serais extrêmement cu-
rieux de savoir en vertu de quoi on l'exige
dans l'Empereur qui en est (1). D'ailleurs
c'est moins, dans les actions des rois, que
dans les circonstances dans lesquelles ils se
sont trouvés, qu'on doit poser la base de ses
jugemens à leur sujet. Placez tout ce que

____

(1) Et qui en sera encore long-temps, je l'espère, en,
dépit de ceux que cela contrarie, et à l'avantage de ceux
que cela arrange, ou que cela finira par arranger.

l'antiquité nous offre de mieux au milieu des événements et des hommes contre lesquels l'Empereur a eu constamment à lutter ; ne vous gênez en rien ; prenez, si vous voulez, Titus (1), Marc-Aurèle et Trajan (on ne peut pas assurément vous faire plus beau jeu que cela) ; et vous verrez, ou plutôt vous supposerez tout à votre aise, en rapprochant tout ce que l'Empereur a fait de beau, de sublime dans sa vie, ce qu'ils eussent pu faire, en inversion, dans la leur, en la transposant en France de la fin du dix-huitième siècle au commencement du dix-neuvième. C'est dans les beaux moments de l'Empereur qu'on doit le juger ; c'est dans ces brillants passages de son règne où il pouvait donner un libre essor à toute la magnanimité de son âme, et dans ces scènes privées et calmes où il pouvait suivre toutes les impulsions de son cœur, et où il pouvait, dans ces deux situations, *être lui, où rien ne le séparait de lui;* c'est là, dis-je, où l'on doit jeter l'ancre de son opinion sur le

---

(1) Au sujet de qui même (sans égalité de situation) il m'est revenu de certaines choses sur lesquelles il y en aurait peut-être quelques-unes à dire.

compte de l'Empereur ; et c'est dans ces belles et nombreuses pages de sa vie, et non dans quelques feuillets hétérogènes où il a pu trop se laisser gouverner par de grandes méfiances et de grandes vues, qu'ont attaché la leur tous ceux qui sont morts en l'adorant, ou qui vivent de la même manière, sans même me compter.

SUR L'EMPEREUR D'AUTRICHE.

On prétend l'Empereur d'Autriche disposé encore hostilement contre nous. Si cela est, tous les crimes des rois sont effacés ; il ne reste plus que les siens. Tout ce que la reconnaissance, la nature, la morale, l'honneur et l'humanité ont de sacré, se trouve si indignement violé, à tel point outragé, par cette affreuse récidive, qu'il devient tout aussi difficile de la concevoir que de l'endurer. Machiavel même se trouve terrassé par François II. Jamais assurément il ne put atteindre à ce degré d'horreur ; jamais il ne put s'élever à cette monstrueuse hauteur, et fouler à la fois tant de sentiments et tant de considérations. Ce n'est pas seulement envers son bienfaiteur et son gendre qu'il en agit ainsi, c'est envers le premier des humains, envers l'homme dont les hauts faits inspirent autant de respect que les malheurs d'intérêt. Conçoit-on que ce soit précisément celui qui lui doive le plus, qui veuille lui ôter le plus ? Les Anglais sûrement sont des êtres affreux ; il est impossible d'être plus insatiables dans leur ambition, plus immodérés dans leurs moyens, plus implacables dans leur haine, plus opiniâtres dans leurs vues ; mais au moins la reconnaissance et la nature n'ont rien à leur reprocher ; ils ne sacrifient pas de nouveau, dans l'Empereur, l'homme qui *trois fois* leur rendit leurs états et épousa la fille de leur roi.

Comment Alexandre, qui dément, dit-on, si peu son nom, que l'on dit si grand et si bon, si juste et si magnanime, et toujours l'admirateur généreux d'un héros que la guerre même n'a pu bannir de son cœur, au lieu de s'associer à tant d'horreurs, n'en déjoue-t-il pas l'odieuse trame, en foudant sur l'infâme Autrichien, et en vengeant ainsi la nature et l'humanité, les Dieux et les rois, dont de tels attentats obscurcissent la réalité et outragent la cause ? Ah ! que n'ai-je, comme Alexandre, d'innombrables légions à mes ordres ! j'atteste bien à la face du ciel que j'en ferais un autre emploi que celui que sa politique égarée, en but à la vénalité perfide, va sans doute lui prescrire au détriment de son âme ! Mais pourquoi, hélas ! ce ciel que j'atteste, a-t-il mis tant de grandeur dans la mienne, et si peu de force dans mon bras??? Pourquoi ne puis-je que sentir, au lieu de frapper??? Qu'il me serait doux, plus encore que glorieux, d'élever enfin la grandeur sur les ruines de la bassesse!!! de payer enfin à Napoléon la longue dette de l'Europe, de couronner ses vertus et de proclamer ses bienfaits! Fier de mes succès, enivré de ma gloire, je deviendrais plus que roi, je deviendrais son ami.

Ah! que deviènent tous les intérêts mercantiles, toutes les puériles considérations devant un tel aspect!!!!!!! Quand on peut jouer un pareil rôle, quand on a une âme et des armées pour le faciliter, comment peut-on hésiter à le remplir??? Deux grands hommes se donnant la main, et enchaînant la terre dans leurs étreintes, est le plus beau spectacle que le soleil puisse éclairer, et que les hommes puissent voir.

SUR L'EMPEREUR D'AUTRICHE,

IIe ARTICLE.

———

Il en est de l'empereur d'Autriche pour moi, ce qu'il en est du monde, dont l'horreur de m'y trouver s'augmente de l'impossibilité de le concevoir (1). Je ne sais de quel œil Napoléon voit son beau-père ; mais j'aurais prodigieusement de peine à croire, quelque chose qu'il puisse m'apprendre sur cela, que son ressentiment contre lui dépasse le mien ; à quelque degré qu'il soit porté (sauf la haine que mon âme ne comporte pas), je défie de plus s'y associer que je ne le fais, de se trouver plus à son niveau que je n'y suis. Si cet homme ne m'inspire pas de haine, en revanche il m'inspire une horreur dont je donne la pareille à tout ce qu'il y a de plus propre sur le globe (je pourrais même aller plus loin) à la faire

———

(1) Je ne doute pas que je ne fusse de beaucoup allégé dans les effets de sa férocité, si je pouvais au moins en atteindre le mot de l'énigme.

naître. Il faut avouer que le métier de roi est bien commode, pour pouvoir être aussi long-temps, impunément, à la face du ciel et des hommes, le bourreau de sa fille et l'assassin de son gendre. Et quel gendre !!! celui qui lui a laissé trois fois, avec ses états conquis, l'existence qu'il veut lui ravir, après l'avoir déjà dépouillé des siens. Quoique la conduite de François II ait déjà trouvé, et trouve sans doute encore des apologistes, je doute qu'elle en trouve jamais un en moi. Il faut être à un rare degré frappé d'aveuglement, ou d'infamie, pour placer sous un jour favorable des horreurs pour lesquelles l'enfer peut-être se serait récusé, et dont le soleil eût dû pâlir. Je ne vois pas ce qu'il reste à présent à faire aux hommes, à moins que ce ne soit l'apologie de l'apologiste. Et c'est au moment où, fuyant la tyrannie paternelle, Marie-Louise vient avec son fils chercher l'illustre époux dont on l'a si indignement séparée, et régner sur des sujets fidèles qui brûlent de tomber à ses pieds et de la voir réunie au héros qui l'attend avec autant d'impatience que d'angoisses, qu'on trompe leur espoir et le nôtre, qu'on change avec violence sa glorieuse destination, qu'on déchire de nouveau le cœur d'un époux et d'un père, et qu'au mépris de tant de titres aux égards, au respect, à l'intérêt, on l'a fait inhumainement rétrograder *seule* vers les lieux qu'elle fuyait, et qu'en dépit de la nature, on la force de détester. Quel amas et quelle suite d'horreurs !!! quelle plume pourra jamais les décrire ??? quelle âme pourra jamais les envisager ??? Il est pourtant un Dieu, à ce qu'on assure(1) ! Si c'est ainsi que François II traite sa fille chérie, il n'est pas aisé alors d'imaginer quel sort il destine aux autres.

Assurément, si c'est pour l'intérêt de ses peuples, comme M. de Talleyrand le prétend, et non pour l'intérêt de ses domaines ou de ses coffres, comme je me laisse aller à le croire, malgré la subtile perspicacité de M. de Talleyrand, que François franchit de si grands intérêts, enjambe de telles considérations ; s'il est si peu père avec sa fille, pour l'être tant avec ses sujets, et que son sacrifice surtout soit bien authentique pour eux ; si cette transposition de paternité ne laisse rien d'équivoque dans leur esprit, il doit en être furieusement adoré ; car je ne pense pas que le

______

(1) Il faut espérer cependant que la chose finira par devenir plus claire.

dévoûment et l'abnégation ayent jamais été plus loin ; mais que François y prène garde, il est trop avancé à présent pour reculer ; il se trouve entre la plus haute monstruosité ou la plus grande sublimité (1). Il faut qu'il se décide pour l'une ou pour l'autre ; toute autre direction lui est interdite ; qu'il se tâte bien, et décide la question ; lui seul peut la résoudre, lui seul peut nous dire quelle flamme brûle dans son âme, sur quel autel il y sacrifie à la fois la nature et la reconnaissance ; quel Dieu ou quel démon arma cinq fois sa main contre son bienfaiteur et deux fois contre l'époux de sa fille ; lui fit, au mépris des traités les plus solennels, des pardons les plus généreux, des alliances les plus touchantes, des malheurs les plus affreux, toujours diriger son épée sur le sein de l'homme, ou plutôt du dieu, qui l'en avait toujours réarmé ; lui fit, d'abord trahir sa cause, lorsque la fureur des éléments en avait rendu la fidélité plus urgente, puis la déserter et s'associer à ses ennemis, lorsque leur nombre s'augmentait avec ses désastres ; lui fit

____

(1) A la reconnaissance près cependant, qui, dans tous les cas, ne jouerait pas un beau rôle dans cette affaire, y figurerait très-mal.

fouler aux pieds tout ce que l'honneur a de plus sacré, le sentiment de plus fort, la nature de plus doux ; le rendit étranger à l'union qu'il avait formée sous les plus respectables auspices, ne la présenta plus que comme un piège abominable, le lien le plus machiavéliquement tissu ; le rendit étranger à lui-même, l'affranchit de toute espèce d'intérêt, même de celui d'un retour qu'éprouverait l'être le plus minéralogiquement organisé ; le plaça dans une sphère inconnue jusqu'alors ; le laissa seul, au milieu de tous ses décombres, de tous ses holocaustes ; le fit servir d'ombre au plus brillant et plus vigoureux des tableaux ; le contrasta constamment avec le plus grand des mortels ; l'abaissa pour l'élever, et lui fit offrir l'odieuse émulation (apparente du moins) de l'ingratitude et de la générosité, de la grandeur et des fureurs.

~~~~~~

SUR LES PUISSANCES EUROPÉENNES.

———

La politique n'est pas ma partie, je n'entends rien, et n'entendrai jamais rien, à la discussion des intérêts qui font mouvoir les cours, et pour le malheur des peuples, couvrent perpétuellement la terre de leurs armées. Je ne vois les choses à cet égard que du côté de la raison, de l'honneur, et du sentiment ; et elles me paraissent, sous tous ces rapports, également outragées dans la guerre que l'on nous annonce. A la vérité, un homme s'en va, un autre revient ; mais qu'est-ce que tout cela fait aux peuples, que l'on veut absolument, malgré qu'ils en ayent, faire figurer dans un changement auquel ils n'ont pas pris, et ne veulent pas prendre la moindre part, et dont ils ne pourraient commencer à être lésés que du moment où on les forcerait d'y intervenir par la guerre qu'on veut leur susciter. Assurément il n'est pas nécessaire d'être très - avancé en politique pour
~~~~~~

sentir cela ; c'est du ressort de tout le monde ,
parce que c'est de celui de la vérité qui est
à la vue de tous les yeux , et de celui de la
raison qui en découle , dont chacun peut
prendre sa part. Je sais bien que vous allez
tout de suite me répliquer que cet homme
qui revient ne devait pas revenir puisque vous
l'aviéz évincé , et que celui qui s'en va ne
devait pas s'en aller puisque vous l'aviez placé,
et qu'il est de votre dignité , de votre grandeur royale , de remettre les choses dans l'état
où vous les aviez fixées. Mais permettez-moi,
Messieurs, d'observer à vos majestés, que rien
ne me paraît moins solidement basé que votre
principe et votre conséquence. Sans entrer
même ici dans le détail de tout ce qui milite
en faveur de l'Empereur ; sans produire tous
ses titres généraux, et particuliers à chacun
de vous, à une conduite un peu différente de
celle que vous aviez tenue à son égard ; en admettant votre évincement aussi légitime, aussi
noble, qu'il me le semble peu , je vous prierai
de me dire pourquoi vous voudriez qu'il eût
eu plus de durée que ne lui en avait assigné
le mérite de l'homme qui l'avait essuyé, c'est-
à-dire, que la nature des choses ne le com-
portait. Et quant à votre dignité , dont la con-

séquence s'écroule avec la base qui la sup-
portait, je ne la vois nullement blessée dans
une tranquillité que l'honneur, la justice, la
raison, la reconnaissance et l'humanité, réclament également.

Depuis vingt ans, acharnés contre cette
malheureuse France, et plus encore contre
l'homme qui depuis quinze la gouverne avec
tant d'éclat, et qui sans vous l'eût gouvernée
avec tant de bonheur, vous vous minez contre
elle et contre lui en impuissants efforts; depuis
vingt ans, vous n'arrosez qu'avec du sang les
plus fertiles plaines; vous portez la mort et
le désespoir, le deuil et l'effroi dans toutes
les familles; vous abrégez des destinées déjà
si courtes; vous moissonnez avant leur épa-
nouissement des fleurs qui durent déjà si peu;
vous séchez tous les canaux de la prospé-
rité, vous rembrunissez le sombre voile de
la nature, et de si tristes résultats ne remon-
tent qu'au desir d'ajouter quelques villes à
d'autres villes, que la nature vous prête pour si
peu de temps. Ah, Messieurs, lisez mes écrits,
au lieu de faire la guerre à l'Empereur, et vous
verrez que vos peuples et les siens s'en trou-
veront au moins aussi bien que moi, qui ne
peux gagner à cela qu'un peu de réputation

qu'on paye souvent bien cher , tandis qu'ils y gagneront le bonheur, ou au moins le repos, qu'on ne saurait payer trop cher (1).

____

(1) Je vous entends déjà me répondre encore que c'est précisément pour leur procurer ce repos que j'invoque pour eux, et même pour vous, que vous vous réunissez contre l'homme dont l'ambition le rend impossible. Sur cela, je vous renverrai d'abord à mes cinq bases du huitième Retour de l'Empereur, puis à vous-mêmes, qui avez de présomptives raisons pour en reconnaître le fondement, puis enfin à Londres, où l'on est encore moins étranger à la connaissance de leur bonté. Après cela, si vous persévérez dans votre réplique, je vous répliquerai à mon tour qu'il n'est plus question de ce qui s'est fait, mais de ce qui va se faire; qu'en admettant l'Empereur de 1814 le plus ambitieux des hommes, l'Empereur de 1815 peut fort bien en être le plus paisible; qu'il peut fort bien, dans la tranquille retraite que vous avez cru à propos de lui infliger, s'unir au calme qui l'entourait, et prendre des idées absolument conformes à vos intentions. Que dans cette hypothèse, c'est bien le moins, il me semble (ne fût-ce qu'à ses anciens titres auprès de vous, sans y joindre même ceux qu'un tel retour devrait lui valoir), que vous lui laissiez la faculté de vous convaincre de cette intelligence entre vos vues et les siennes; car autrement, faisant la guerre pour éviter la guerre, ce serait agir comme des gens qui tueraient leurs amis pour les empêcher de mourir; et un peu aussi à la manière de ces

noyeurs de notre révolution , qui , s'acharnant sur leurs victimes, échappées au funeste élément , poussaient l'exé- cration (je vous en demande pardon , mais c'est au moins cela), jusqu'à les vouer à une seconde mort.

D'ailleurs, vous avez laissé échapper l'Empereur ; c'est votre faute assurément , car la souveraineté que vous lui aviez abandonnée , n'avait pas une étendue de nature à en rendre la surveillance fort difficile ; et puisque c'est par votre faute qu'il n'est plus votre pri- sonnier , il serait complètement injuste , et complète- ment atroce , de ne pas lui laisser jouir, ainsi qu'à nous, des douceurs de sa liberté.

~~~~~~

SUR LES PUISSANCES EUROPÉENNES,

IIe ARTICLE.

———

VOILA donc l'épée qui se tire de tous côtés ! La terre va de nouveau se rougir de sang et se couvrir de deuil ; une effroyable guerre, plus effroyable que toutes celles qui l'ont précédée, va achever de moissonner toutes les phalanges que la mort avait épargnées, et que le destin, plus impitoyable qu'elle, lui renvoie. Pas une mère ne reverra son fils, une sœur son frère, une femme son époux (1) ! Sur une ligne de mille lieues les cris du désespoir vont se mêler aux cris des mourants, les larmes du sentiment au sang des victimes. Quelle horreur !!!!!! Et ce sont des Français qui la pressent de leurs vœux, ou qui la hâtent de leurs instances, sur notre misérable patrie !!! Et l'on croit aux Dieux !!! Ah ! qu'on croye à l'Enfer plutôt,

————

(1) Sans être poète, on voudra bien m'en passer, ici, la licence.
~~~~~~

car tout ce qui se passe sur la terre est bien plus de son ressort. Les hommes ne démentent point leur source : nés dans le sang, alimentés par lui, ils nagent, tant qu'ils respirent, dans cet affreux élément. Insatiable ambition, fille sanguinaire de l'irréflexion, voilà les fruits que l'on cueille sur ta tige épineuse !!! Que les rois voyent leurs 80 ans, qu'ils en voyent les bornes rapprochées, et tenant moins à reculer celles de leur empire, les peuples atteindront les limites de leurs seize lustres ; ils n'auront plus du moins que la nature pour leur en barrer le passage ; ils vivront tristement, mais paisible- ment, et seulement victimes infortunées de la mort, ils n'en seront plus les odieux satellites.

Au prix de notre abaissement, et des souf- frances de l'homme qui lutta 20 ans contre, aux risques de ces souffrances, et aux dépens de tous les tourments qui les précédèrent ; au prix du désastre de nos plaines, du saccage- ment de nos villes, de notre misère ; au prix de l'abandon du fruit de tous nos triomphes, et de tout notre sang, nous jouissions (si on peut jouir à pareil prix et en pareille situation) de quelque ombre de repos ; mais cette ombre disparaît au retour de l'astre qui, échappé de ses entraves, vient de nouveau nous envelopper de son éclat (1), cet éclat qui charme notre vue, blesse celle de nos voisins. Alors conjuration générale contre celui qui nous le procure, alors le tocsin de l'ingratitude et de l'inhumanité sonne de toutes parts ; il n'est pas un seul acteur qui ne figure dans cet affreux concert. L'Empereur a beau reparaître sous les formes les plus pacifiques, l'olivier en main, on ne veut point de cette branche dans les siennes, on craint la noblesse avec laquelle il la porte, et on préfère s'exposer pour la centième fois aux chances de son épée, qu'aux rameaux protecteurs d'une branche qui, tenue par lui, n'en présente aucunes d'agrandissement nouveau. L'imagination rebrousse à la conception d'une atrocité semblable envers un homme dont on a tant de fois éprouvé la

______

(1) C'est pourtant pour un seul homme que tout est en combustion, vous disent les gens qui croyent payer le retour de l'Empereur trop cher ! Ils ne voyent pas, qu'outre qu'on ne saurait payer trop cher la délivrance d'un être qui n'était captif que par trop d'intérêt pour nous, qu'à ce seul homme se rattache tout ce que nous avons de plus précieux ; notre gloire, notre indépendance et notre tranquillité, si horriblement compromises sous le règne inquisitionnaire dont tout nous annonçait la sinistre et affreuse arrivée.

générosité, et contre lequel on ne déploie
sans cesse que des forces qu'il vous a toujours
laissées, en dépit de l'ingrat et monstrueux
usage que vous en avez fait. Ce qui m'enchaîne le plus à la cause de l'Empereur,
en rend le desir du triomphe le premier intérêt de ma vie, et son dévoûment à la gloire et
à la défense de la sienne, le premier besoin,
c'est de voir que tous ses maux viènent de sa
trop grande générosité, et précisément du principe opposé à celui auquel on a l'indignité de
les imputer (1). Qu'il garde tout ce qu'il a
rendu, avec une constance qui ne le cède
peut-être qu'à celle qui l'a provoquée, et dont
les annales du monde n'offrent sûrement rien
de pareil à l'homme le plus reculé dans ces
annales ; que deviènent alors toutes ces phalanges, qu'avec tant de faste, d'arrogance et
de férocité, on fait marcher pour le détrôner
de nouveau ? Et cependant, en tenant, de
cette manière, une conduite inverse à celle

---

(1) On n'imaginera jamais tout ce qu'a de puissance
sur une âme comme la mienne une horrible injustice,
quand le plus grand des hommes en est l'objet, et quand
surtout elle puise ses éléments et ses moyens dans les
actes mêmes de sa grandeur.

qu'il a tenue, on ne pourrait pas le taxer de plus d'ambition qu'on ne l'a fait, car j'espère que sur ce point on a peu laissé de marge (1).

(1) Je vois les choses, à l'égard de l'Empereur, bien différemment de ceux qui ne les voyent que par le prisme de leur sottise ou de leur intérêt ; car non seulement je ne le vois pas ambitieux, lorsqu'il rend tout ce qu'on impose continuellement à son génie l'obligation de prendre ; mais je ne l'eusse pas vu tel, même en gardant, au moins à la seconde ou à la troisième fois, tout ce qu'il a rendu, puisqu'il n'eût agi alors qu'en homme prudent, qui garde pour n'être plus obligé de reprendre encore, au prix du sang de ses sujets et du malheur des peuples (*). Et quant à l'entrée de l'Empereur en Espagne et en Russie (**), qui est le grand pivot de tous les riasonnements absurdes, de toutes les qualifications injustes, elle ne m'ébranle en rien dans mon opinion, qu'elle confirme au contraire, puisque, glissant sur le moyen, quant à l'Espagne, j'arrive au but, dont l'importance et la noblesse ont pu seules égarer l'Empereur sur le choix de ce moyen (qu'atténue encore l'envie d'épargner le sang), et ne lui laisser voir qu'une fermeture de ports d'où, à ses yeux, dépendait le repos du monde.

(*) Ce qu'on fait pour un furieux privé, ne doit-on pas le faire bien plus, quand on le peut, pour un roi dont la fureur armée a des résultats bien plus funestes à l'espèce humaine ?

(**) Dont l'entrée n'a même pas eu pour objet, m'a-t-on dit depuis, la possession des ports de la Baltique, comme je le croyais, mais le refus de Napoléon d'évacuer Dantzick.

Sous quelque aspect que j'envisage cette marche sanguinaire des ennemis, que l'on revêt des plus belles épithètes, à laquelle on assigne les plus nobles motifs, dans la fameuse déclaration du 13, que je viens de lire à l'instant, même date; que j'en envisage les moyens, le but et la circonstance, l'homme contre qui elle est dirigée, la base sur laquelle elle est établie, elle me paraît la chose la plus monstrueuse, la plus subversive de tout principe de justice, de vérité, d'humanité, de loyauté, de pudeur même, et tout ce qu'il y a de plus propre à confondre et épouvanter à jamais les races futures.

P. S. Tous ces articles ont été écrits avant la lecture du Moniteur du 13 ; qu'on juge ce que les détails qu'il contient pourraient y ajouter, et à quel volume ils pourraient donner lieu, si je ne me trouvais pas plus pressé par le besoin de publier cette brochure, déjà trop entravée, que par celui de l'augmenter.

Encore un mot de plus cependant sur le 14.

Il faut avouer que les esprits de ce siècle sont montés à un diapason bien effroyable. Depuis que les actes les plus horribles se sont parallélisés avec les faits les plus sublimes, les choses se maintiènent sur ce pied, conservent cet inconcevable et monstrueux équilibre ; et c'est à qui concourra à opposer, je ne dirai pas, tout ce qu'on pouvait imaginer, car l'imagination n'avait sûrement pas cette latitude, mais tout ce qui pouvait exister de plus frémissant, à tout ce qui peut exister de plus noble et de plus grand.

Ah ! ils ne veulent même pas laisser passer nos courriers ! Ils n'étaient pas si fiers, ni l'Empereur si inaccessible, lorsque l'un deux venait dans sa tente implorer sa clémence, et recevoir des témoignages de sa magnanimité ; lorsque l'autre, pour revoir ses états, allait mendier l'intercession d'un troisième, qui, lui-même, dans une occasion entre autres guère moins critique, avait éprouvé qu'il est bon quelquefois de condescendre à des relations, et de plus en provoquer avec le proscrit, le méprisé, le rejeté Napoléon, qui, à la vérité, n'avait pas encore essuyé toutes les fureurs des éléments, et les résultats des plus atroces défections et des plus infâmes trahisons, c'est-à-dire tout ce qu'on peut éprouver de pis de la part de la nature et des hommes. Mais il paraît que les souverains de nos jours ont moins de mémoire que de troupes. Il n'y a pas jusqu'à l'Empereur même, qui paraît avoir oublié ces légères circonstances. Mais moi qui ne suis pas roi, et dont la délicatesse d'ailleurs n'est pas enchaînée comme la sienne dans leur oubli, je me les rappèle fort bien.

Eh bien! soit : puisqu'ils ne veulent pas de nous, ne veuillons pas d'eux ; montrons-nous fiers à notre tour ; nous avons sûrement d'aussi bonnes raisons pour n'en pas vouloir, qu'eux pour nous repousser. Le gant du dédain est jeté, ramassons-le. Prouvons - leur qu'excepté sur un seul point, qu'on devinera aisément, nous ne nous refuserons jamais de nous mesurer avec eux. Traçons notre muraille; que le mépris en soit les fondements, et l'indignation les matériaux ; et confectionnée de la sorte, elle durera bien autant que celle des Chinois.

Nous n'avons besoin d'eux en rien ; beau climat, sol fertile, productions de toute espèce ; des prés, des bois, de l'eau, des arts, des sciences, quelques hommes, beaucoup de femmes, que nous faut-il de plus, hors plus de durée, que nous ne trouverions pas plus chez eux ?

Puisqu'ils s'éloignent de l'Empereur, rapprochons-nous-en ; et dans cette position, qui nous permettra de les attendre de pied ferme, prouvons enfin que nous savons tous nous élever jusqu'à lui, et reconnaître sa grandeur, comme la seconder de tous nos efforts.

Des tigres, ou plutôt des êtres dont le dictionnaire ne fait pas encore mention, ont privé l'Empereur de sa famille. Tenons-lui en lieu, jusqu'à ce que, si on nous force de franchir notre muraille, en la dépassant, nous lui ayions aidé à aller l'arracher de leur affreux repaire. Pouvons-nous faire moins, puisque c'est pour nous qu'il s'en trouve séparé, que son cœur conjugal et paternel est déchiré ? A force d'amour, reconnaissons tant d'amour.

DE L'IMPRIMERIE DE C. - F. PATRIS, rue de la Colombe en la cité, n° 4.

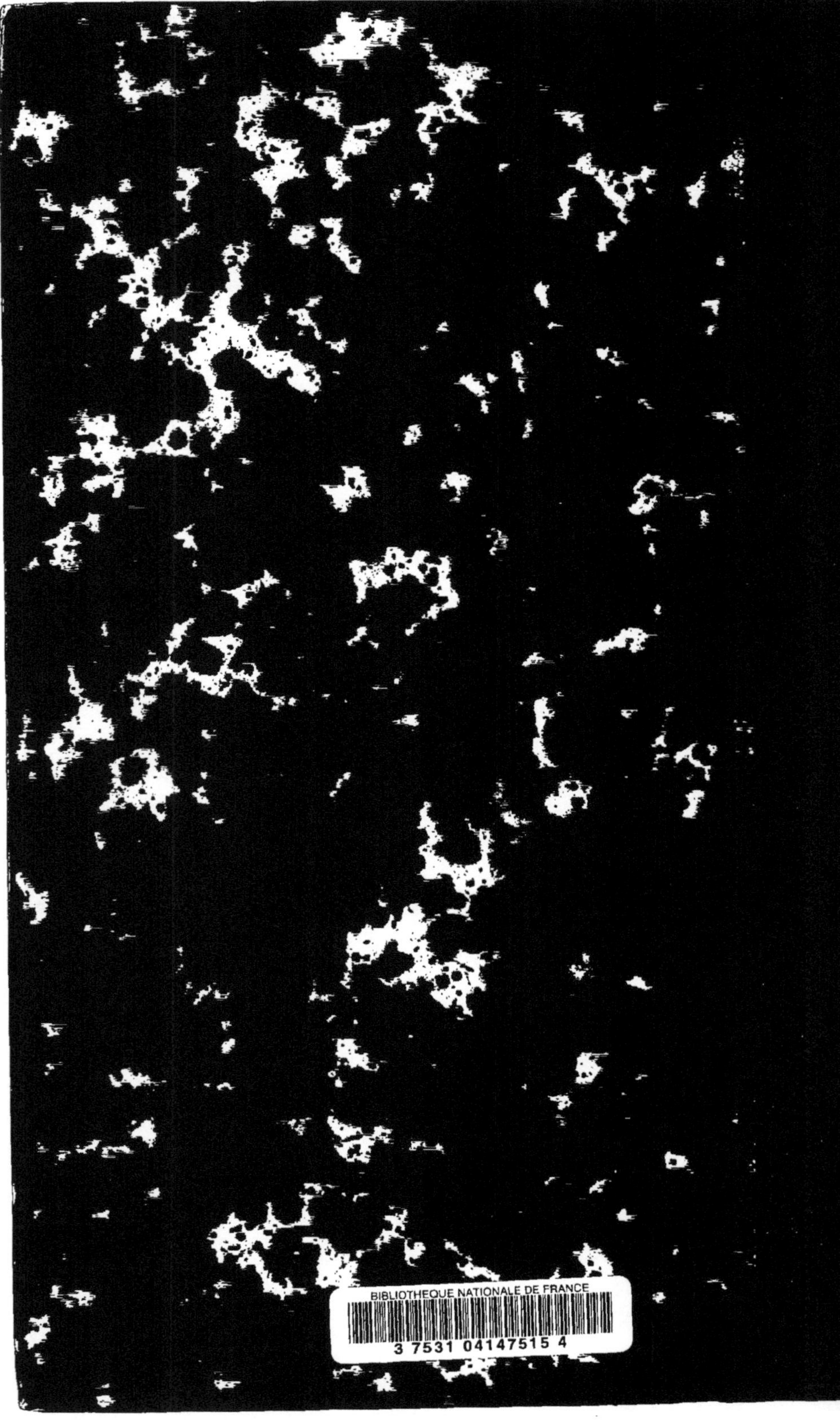

www.ingramcontent.com/pod-product-compliance
Ingram Content Group UK Ltd.
Pitfield, Milton Keynes, MK11 3LW, UK
UKHW020337130726
13696UKWH00003B/1407